30

LETTRE

D'UN GENTILHOMME

FRANÇOIS,

A UN

JURISCONSULTE

AUTRICHIEN.

M DCC XXXIV.

LETTRE

D'UN

GENTILHOMME FRANÇOIS,

A UN

JURISCONSULTE AUTRICHIEN.

J'Ai reçû, Monſieur, la Lettre que vous m'avez fait l'honneur de m'écrire du mois dernier, dans laquelle vous parlez bien différemment, de ce que vous faiſiez dans le temps que nous prenions enſemble les eaux. Simples ſpectateurs des grands mouvemens qu'excitoit l'élection d'un Roi de Pologne, nous en raiſonions ſans paſſion, plutôt comme citoyens du monde, que comme ſujets de deux grands Princes auxquels nous ne laiſſons pas d'être très-attachez.

Vous paſſiez alors condamnation ſur le procédé de l'Empereur, & vous conveniez qu'il eût été à ſouhaiter que Sa Majeſté Impériale, ne ſe tût pas engagée ſi affirmativement dans les affaires de Pologne, ce qui étoit un aveu tacite du tort qu'il avoit eû de s'en mêler avec tant de chaleur; mais de retour dans votre patrie vous en avez repris tous les ſentimens, & vous prétendez que l'Empereur n'a rien fait que de juſte. Vous vous emportez même contre la France, comme ſi elle étoit par ſon ambition, la cauſe unique de la guerre générale dont l'Europe eſt menacée, & vous n'épargnez pas les expreſſions les plus injurieuſes. Je n'aurai beſoin pour répondre à toutes vos invectives, que du ſimple récit des faits connus de tout le monde, ils ſont d'une nature qu'il ne faut qu'un peu de ſens commun, & avoir lû les Gazettes pour en

tirer

tirer des conséquences que vous ne pouvez contester vous-même, pour peu qu'il vous reste de bonne foy.

Quelque-éloigné que je sois des affaires, autant par mon goût que par l'état de ma fortune, on ne peut aimer sa Patrie, & regarder avec indifférence celles qui attirent aujourd'hui l'attention de toute l'Europe. J'ai donc lû avec soin tous les actes & déclarations qui ont paru pour & contre dans le Public, & c'est dans ces piéces mêmes que je me renfermerai, pour répondre aux differens articles de vôtre lettre, qui peuvent se réduire à quatre principaux.

1°. La conduite de l'Empereur que vous vous efforcez de justifier dans toutes ses parties.

2°. La qualité d'Agresseur que vous prétendez ne pouvoir lui être imputée.

3°. Le reproche que vous faites à la France de faire servir les affaires de Pologne de prétexte à la guerre que le Roi a déclarée à l'Empereur, tandis qu'il est clair, dites-vous, que son motif secret est d'anéantir la Sanction Pragmatique.

4°. Que cette Sanction Pragmatique est absolument nécessaire, pour maintenir un juste Equilibre dans l'Empire.

Comme il a paru déja un grand nombre d'Ecrits sur tout ce qui s'est fait en Pologne, je passerai légérement sur une partie des reproches que vous nous faites, parce que tant de nôtre côté que de celui du Primat, on y a répondu d'une maniére si solide, que je ne crains point de dire hardiment que le Public est pleinement convaincu de l'injustice inouïe avec laquelle trois puissans Princes liguez ensemble ne cessent d'oprimer la liberté des Polonois.

Vous avancez d'abord que l'Empereur étoit si intéressé à cause du voisinage de ses Etats, au choix d'un Roi de Pologne qui ne fût pas son ennemi, qu'il étoit naturel qu'il fît tous ses efforts, pour empêcher que le Roy Stanislas montât sur le thrône.

Je conviens sans peine avec vous, qu'il étoit libre & permis à l'Empereur de favoriser un Candidat plutôt qu'un autre, pourvû qu'il se fût renfermé dans les bornes d'une négociation légitime ; mais peut-on lui suposer cette intention dans le Traité qu'il conclût en 1731. avec la Czarine & une autre Puissance, par lequel ils s'engageoient réciproquement à employer toutes leurs forces pour s'oposer à l'Election du Roy Stanislas & du Prince Electoral de Saxe ?

Le crime de ce dernier Prince n'étoit autre en ce temps-là, que d'être fils du Roy Auguste, dont on supofoit qu'il pourroit fuivre l'exemple; & dans les principes de la Maifon d'Autriche, cela feul le rendoit coupable, & indigne du trône: Mais qu'avoit fait le Roy Auguste lui-même pour tranfmettre à fon fils ce Caractere de Réprobation ? Il étoit, dites-vous, allié de la France, & il s'étoit déclaré à la Diette de Ratisbonne contre la Sanction Pragmatique.

A fupofer que cela fût, eft-il interdit aux Princes de l'Empire de contracter des alliances avec des Puiffances étrangeres, pourvû qu'elles ne contiennent rien de contraire aux interêts de l'Empire ?

L'opofition du Roy Auguste à la Sanction Pragmatique en étoit cependant affez pour mériter l'indignation de la Cour de Vienne, & le foupçon feul, que fon fils pourroit marcher fur fes traces, fut fuffifant alors pour lui attirer l'exclufion du trône de Pologne.

Il effaça bien-tôt après la mort du Roy fon Pere, cette tache en fe foûmettant à la Sanction Pragmatique, & par-là il mérita non feulement toute la protection de l'Empereur; mais encore celle de la Czarine; quoique peu portée par fon inclination, & même par fon interêt, à voir un Electeur de Saxe devenu Roy de Pologne.

Le Roy Staniflas demeura donc feul envelopé dans la difgrace de ces deux Puiffances, & qu'avoit-il donc de fi terrible, pour fe l'être attirée ? Toute l'Europe ne voyoit en luy qu'un Prince dépoüillé de fon Royaume, fans heritiers & fans fuite à redouter pour la liberté Polonoife, dénué de tout fecours, qui n'avoit jamais fait aucun mal à la Maifon d'Autriche, & que l'Empereur Jofeph, auffi-bien qu'un grand nombre d'autres Puiffances, avoient auparavant reconnu.

Si le prétexte de fon alliance avec la France étoit capable d'infpirer la plus légere crainte aux trois Puiffances liguées contre lui, n'étoit-il pas fuffifamment détruit par la Déclaration folemnelle que le Primat avoit faite, tant à la Diette que dans fa belle & éloquente lettre à l'Empereur, dans lefquelles il marquoit expreffément que le Roy qu'ils éliroient commenceroit par figner & ratifier tous les Traités d'alliance que la Pologne avoit contractés avec les differens Princes de l'Europe, & nommément avec l'Empereur ?

A 3   Qui

Qui est-ce qui ignore d'ailleurs qu'un Roy de Pologne n'est point le Maître des Déliberations du Senat ; que la Nation Polonoise, quoique naturellement brave & belliqueuse, est plus occupée du soin de maintenir sa liberté que d'entrer dans des guerres étrangeres ; que la forme de son gouvernement met le Roy absolument hors d'état d'en entreprendre quand il le voudroit, & qu'en un mot pour me servir des propres termes du Primat, *non regit sed regitur ?*

Mais le Roy Stanislas, ajoûtez-vous, pouvoit par les secours que luy donneroit le Roy Très-Chrêtien, être en état de nuire à l'Empereur & de traverser ses desseins. Le Roy avoit-il rompu avec les Puissances maritimes ses Alliées, depuis qu'elles avoient souscrit à la Pragmatique Sanction par le Traité de Vienne ? Ce fut de concert avec elles qu'il refusa en 1730 d'y adhérer, parce qu'elle leur paroissoit également à tous en ce temps là inadmissible. Le Roy les avoit pourtant vû changer de sistême sans leur en montrer un vif ressentiment, quoiqu'elles eussent manqué directement à un des principaux articles de l'alliance de Hanover.

Constant & invariable dans ses maximes, le Roy s'étoit contenté de leur faire envisager les justes craintes qu'un pareil engagement devoit faire naître & préferant la paix à un danger qui paroissoit encore éloigné, il étoit demeuré tranquille dans l'espérance que tôt ou tard les autres Princes connoîtroient combien l'étenduë de cet engagement devoit les allarmer.

Sa Majesté ne pouvoit marquer plus clairement ses intentions pacifiques ; & je ne sçai même si elle ne les avoit pas poussées trop loin : Les profonds Politiques du moins le pensoient ainsi, & les François naturellement jaloux de la gloire de leur Maître & de celle de la Nation, ne laissoient pas quelquefois d'en murmurer. La joye universelle qu'ils ont marquée, lors de la Déclaration de la guerre, en est une preuve bien décisive.

Toutes ces Réflexions auroient dû raisonnablement calmer les inquiétudes de la Cour de Vienne, & la convaincre que le Roy n'avoit pas formé le moindre dessein de faire la guerre à l'Empereur. Mais il ne suffit pas à la Maison d'Autriche qu'on ne soit point déclaré contre elle ; on ne peut lui plaire qu'en entrant dans toutes ses vûës. Une Neutralité n'est pas de son goût, & dans ses principes on devient son ennemi dès

qu'on

qu'on eſt allié de la France, parce qu'elle eſt plus en état qu'aucune autre Puiſſance de traverſer ſes vaſtes projets.

Elle les ſuit avec une profondeur invariable ſans jamais s'en
écarter, & elle prévoit de loin tout ce qui pourroit y apor-
ter quelque obſtacle. C'eſt en conſéquence, qu'auſſi-tôt après
la mort du Roi Auguſte, l'Empereur fait marcher un corps
conſidérable de ſes troupes vers les frontiéres de la Pologne,
ſous le prétexte frivole de garantir la Siléſie des courſes que
quelques partis Polonois ont coûtume d'y faire dans les inter-
regnes.

Mais étoit-il beſoin d'un camp dans toutes les formes,
d'une armée réglée, d'un Général principal & d'un train d'ar-
tillerie pour s'opoſer à ces ſortes d'Avanturiers mal armez,
& qui marchent ſans ordre, ni Chefs? Il eſt aiſé de pénétrer
à quoi tendoient ces grands préparatifs, & les moins clair-
voyans pouvoient y être d'autant moins trompez, que l'Empereur avoit fait ſignifier dès la mi-Février, à tous les Miniſtres étrangers à Vienne, qu'il s'opoſeroit à quelque prix que
ce fût à l'élection du Roi Staniſlas.

Le Roi juſtement alarmé, en fait porter ſes plaintes à l'Empereur par une Déclaration très-meſurée, & qui fut trouvée
telle par tous les Miniſtres étrangers réſidens à Paris, qui la
lûrent pluſieurs fois avec attention. Il a plû depuis à la Cour
de Vienne d'avancer qu'elle avoit été changée dans l'impreſ-
ſion, mais le Roi n'auroit-il pas bleſſé ſa dignité & la juſte
réputation de verité qu'il a établie dans l'Europe, s'il avoit
cherché à ſe juſtifier d'une ſi injurieuſe accuſation?

Si cette Déclaration avoit été remplie de menaces, comme
la Cour de Vienne l'a voulu ſupoſer, le Roi ne l'auroit pas
déſavouée. Il n'auroit eû que de trop juſtes motifs pour la
ſoûtenir, & on ne le ſoupçonnera pas de recourir à de ſi in-
dignes artifices, que d'autres Puiſſances moins ſcrupuleuſes
ne font aucune difficulté d'emploïer, quand ils conviennént
à leurs intérêts ou à certaines conjonctures. Elle fut lûe dans
pluſieurs Cours qui peuvent toutes rendre témoignage, ſi la
Déclaration qui a été imprimée n'eſt pas la même, & ſi on
y a changé une ſeule Syllabe.

La Cour de Vienne parut d'abord en faire peu de cas, parce
qu'il lui plaiſoit alors de ſupoſer & de répandre par tout, que
la France trop affoiblie encore par les dernieres guerres n'a-

voit

voit ni le pouvoir , ni la volonté de mettre ses prétendûës
menaces à exécution. Mais les Puissances Maritimes intéressées
à la tranquillité publique, ne pensérent pas de même, & com-
mencérent à craindre qu'elle ne fût troublée , si l'Empereur
continuoit à vouloir procurer la Couronne à l'Electeur de
Saxe , en violentant les suffrages de la Diette

Elles employérent leurs offices auprès de l'Empereur pour
le prier de se désister d'un si injuste dessein, & elles obtinrent
de lui une parole positive de ne point faire entrer ses troupes
en Pologne ; elles allérent encore plus loin , & le pressérent
d'exiger la même complaisance de la Czarine. L'Empereur
prétend que tous ses efforts pour y engager cette Princesse
furent inutiles , & s'il ne trouva pas auprès d'elle la même
facilité avec laquelle il venoit d'en obtenir la révocation de
l'exclusion qu'elle avoit donnée à l'Electeur de Saxe , c'est un
mystére que je ne chercherai pas à pénétrer.

Mais il semble qu'on pouvoit espérer du moins que l'Empereur congédieroit son Camp de Silésie, ou que son Ambassadeur n'agiroit plus de concert à Warsovie avec celui de Russie
& de Saxe ; mais la Cour de Vienne ne se départ pas si aisé-
ment des projets qu'elle a une fois formez , & si elle paroît les
abandonner , elle se réserve la liberté de les poursuivre d'une
maniere plus cachée,

Quelques Régimens eurent ordre à la verité de quitter le
Camp de Silésie , mais on y en substitua de Saxons à leur place , & il subsista toujours, soit pour être prêt à entrer en Pologne si les conjonctures le rendoient nécessaire, soit du moins
pour continuer d'effrayer la Pologne. C'est dans cette même
vûë qu'on faisoit courir le bruit dans les Gazettes, que le Roy
de Prusse se mettoit aussi en état d'y envoyer les troupes qu'il
s'étoit engagé de fournir par le Traité de 1731. Mais ce
Prince plus équitable n'hésita pas à faire connoître que ce
qu'on lui demandoit n'étoit pas *casus fœderis* , & il refusa de
fournir son contingent.

Vous ne pouvez ignorer , Monsieur , toutes ces particula-
rités qui sont répanduës dans les Nouvelles publiques, mais
vôtre prévention en faveur de la Cour de Vienne vous aveugle , & vous n'en soûtenez pas avec moins de vivacité la
bonne foi avec laquelle l'Empereur en avoit usé en ne faisant
point entrer ses troupes en Pologne.

Je

Je souhaiterois fort que vous voulussiez donc m'expliquer quel étoit le motif des trois Armées dont la Pologne étoit comme assiégée, & contre qui elles étoient destinées. Le Roy Stanislas avoit-il des troupes toutes prêtes à soutenir son élection, ou la France avoit-elle franchi toutes les barrieres qui la séparent de ce Royaume pour y envoyer les siennes ? De pareilles chiméres n'eussent trouvé aucun crédit si on eut voulu les avancer ; mais ce qui n'est pas moins étonnant, est qu'on ait osé publier sérieusement à la face de toute l'Europe que ces Armées n'étoient destinées qu'à proteger la liberté des Polonois. On auroit de la peine à le croire si on n'avoit pas eu soin de le dire dans des actes imprimez.

Ceux qui connoissent le langage de la Cour de Vienne en doivent pourtant être moins surpris. Protéger la liberté des Polonois c'est, dans ses principes, les forcer à concourir aux vües de la Maison d'Autriche, qui sont toujours justes & remplies d'équité. C'est dans ce même sens que Philippe second, ayant fait enfermer son fils Don Carlos dans une étroite prison, le faisoit assurer que tout, même jusqu'au Boureau qui étoit prêt à l'étrangler, n'étoit que pour son bien, & que Charles-Quint ordonnoit aussi des prieres publiques pour la liberté du Pape Clement VII. qu'il tenoit prisonnier dans le Château Saint-Ange.

Je viens enfin au principal argument, dont vous vous servez pour justifier la conduite de l'Empereur, & auquel vous suposez qu'il ne peut y avoir de replique. Vous dites que ce Prince étoit engagé par son alliance avec la Czarine à soûtenir la proscription qui avoit été prononcée dans une Diette contre le Roy Stanislas, & dont le Czar Pierre I. avoit été le promoteur & le garant : Mais je vous demande d'abord quel droit avoit l'Empereur de soûtenir cet inique Decret, qui lui étoit absolument étranger, & dans lequel il n'étoit point intervenu ? Il n'en avoit point été question jusqu'en 1731. que Sa Majesté Imperiale jugea à propos de s'unir avec la Czarine, naturellement ennemie de la Pologne, pour forcer cette République à exclure de la Couronne le Roy Stanislas & le Prince Electoral de Saxe.

Mais que peut-on conclure de ce Decret, si ce n'est que ce fut l'ouvrage de la violence & de l'injustice ? Le Czar Pierre s'étoit presque rendu le maître de la Pologne, il y avoit

B   intro-

introduit fous des prétextes frivoles un corps de fes troupes, que le pays étoit forcé de nourrir, parce qu'il n'étoit pas aflez puiflant pour s'y opofer. D'un autre côté le Roy Augufte qui avoit fait valoir une élection peu legitime dans fon origine, & qui l'avoit foûtenüe par la force, entretenoit contre les Loix & les *Pacta Conventa* qu'il avoit fignés, une Armée Saxonne dans le fein du Royaume.

Cette infortunée Republique en proye à l'ambition ou à l'avidité de fes voifins, hors d'état de fe défendre & privée du fecours du Roy de Suéde, fubit malgré elle la loy qu'on lui impofa fans pouvoir y réfifter : & on aura la mauvaife foy de traiter cette tyrannique convention de loy facrée & de conftitution fondamentale du Royaume ?

Dans le fonds, de quoi s'agiffoit-il ? Le Roy de Suéde contre lequel trois Puiffances formidables s'étoient liguées dès le commencement de fon Regne, fans autre fondement que l'ombrage & la jaloufie que leur avoient infpiré les grandes qualités de ce héros du Nord, s'étant reconcilié avec l'une des trois, étoit tombé fur la Pologne, & étoit entré enfuite dans la Saxe avec une Armée victorieufe. Le Roy Augufte pour fe défaire d'un hôte fi onéreux, prend le parti de fe démettre du trône de Pologne, & en figne folemnellement la ceffion en faveur du Roy Staniflas qui avoit déja été élû auparavant.

Malheureufement pour ce Prince, pour la Suede & pour la Pologne, Charles XII. pouffé par un defir immoderé de gloire & de vengeance, s'engage trop avant & avec trop peu de précaution dans les vaftes plaines de la Ruffie & perd la bataille de Pultova. Le Roy Augufte profitant de ce malheur, rentre en Pologne & oublie fes fermens. Il fe remet fans peine en poffeffion de la Couronne, & s'uniffant enfuite avec le Czar Pierre, il convoque une Diette dans laquelle on forme le Decret qu'on fait valoir avec tant d'oftentation.

Mais ce Decret injufte & arraché par la force, pouvoit-il lier à jamais une Republique libre, fouveraine & indépendante ? L'interêt particulier de deux Princes trop puiffans l'avoit formé, & après leur mort la Republique rendûë à elle-même, & uniquement occupée du bien general du Royaume, inftruite d'ailleurs par une trop facheufe expérience de tout ce qu'elle auroit à craindre d'un Prince voifin &

puifpuiſſant ſi elle l'éliſoit pour ſon Roy , ſe lie par un ſerment ſolemnel & unanime , d'exclûre tout Prince étranger , qui auroit des Etats hors de la Pologne , & qui ne ſeroit pas né de pere & de mère Polonois & Catholiques Qu'y-a-t-il dans cette réſolution qui ne ſoit infiniment ſage & convenable aux veritables interêts de la Republique ? Peut-on lui conteſter le droit de la former & de la ſoûtenir , & aucune Puiſſance étrangere peut-elle s'arroger celui de lui impoſer des loix con-traires ?

Mais le Primat , ajoutez-vous , de concert avec quelques Seigneurs , avoit écrit lui-même pluſieurs Lettres à l'Empereur , pour implorer ſa protection contre ceux qui travailloient à opprimer ſa liberté. On ne peut qu'être infiniment ſurpris qu'on ſe ſoit ſervi du nom reſpectable de l'Empereur pour alleguer un pretexte ſi frivole, comme une juſtification legitime de ſa conduite. Il ne faut que diſtinguer les tems pour le détruire & en faire voir le peu de ſolidité.

Le Roy Auguſte toûjours occupé du deſſein , ou de rendre, s'il lui eut été poſſible, le Royaume héréditaire dans ſa maiſon , ou du moins de le tranſmettre au Prince ſon Fils de ſon vivant , ſoit par l'abdication de ſa Couronne , ou en l'y aſſociant , il employoit pour y réüſſir tous les talens qu'il poſſedoit au ſouverain degré de gagner les cœurs , & prodiguoit d'ailleurs tous ſes tréſors pour ſe faire des créatures qui puſſent favoriſer ſes projets. Il ne faiſoit en cela que ſuivre ſon inclination genereuſe & magnifique ; mais il ne négligeoit pas d'un autre côté des moyens moins legitimes, pour y parvenir par la crainte de ſa puiſſance.

Il avoit augmenté conſiderablement ſes troupes & en avoit formé de nouvelles , ſous divers pretextes , qui le ſuivoient toûjours en Pologne. Le Primat & les bons patriotes juſtement allarmés écrivent à l'Empereur pour lui confier leur inquiétude & lui demander du ſecours. Je ne ſçais ſi Sa Majeſté Imperiale leur en accorda & s'il eut beaucoup d'égard à ces prieres reïterées. C'eſt au Primat à nous apprendre ſi elle fut alors auſſi ardente à maintenir la liberté de la Pologne qu'elle l'a paru depuis pour l'oprimer.

Permettez-moi de vous faire faire en paſſant une réflexion ſur la conduite bien differente que le Roy a tenûë dans toute cette ſuite d'affaire. S'il eût eu toutes les vûës ambitieuſes que vous & la Cour de Vienne voulez lui imputer, n'eût-il pas été naturel qu'il se fût uni avec le Roy Auguste pour concourir à ses desseins. Ce Prince avoit refusé de souscrire à la Pragmatique, & si le Roy se fûtjoint à lui pour menager les suffrages des Polonois en faveur de son Fils, vous m'avoüerez que cette ligue soutenuë par le voisinage de la Saxe n'eût pas laissé d'être d'un grand poids, & que le Prince Electoral se fût trouvé engagé par toutes sortes de raisons à la maintenir.

Mais Sa Majesté n'est pas capable d'entrer dans des vuës si injustes. Trop fidele Allié des Polonois aucun interêt particulier n'eût pû la déterminer à sacrifier leur liberté, ni à abandonner d'un autre côté les droits de la nature & de la bienséance, qui l'obligeoient à favoriser par toutes les voyes permises, la bonne volonté que les Polonois marquoient pour le Roy son Beau-Pere, au lieu que l'Empereur n'étoit fondé sur aucune raison légitime de s'y opofer, sur tout par les moyens qu'il n'a cessé d'employer.

Cependant vous le comblez de loüanges, & vous lui prodiguez les plus grands éloges sur sa justice & sur la modération qu'il a marquée en ne faisant point entrer ses troupes en Pologne, ainsi qu'il l'avoit promis aux Puissances Maritimes : Mais en verité, Monsieur, croyez-vous tromper toute l'Europe, & les personnes les moins éclairées ignorent-elles les motifs qui l'ont fait agir ?

Qui est-ce qui ne sçait pas que l'Empereur, la Czarine & l'Electeur de Saxe se croyoient assûrés d'une scission à la Diette d'élection, & il faut avoüer qu'ils n'étoient que trop bien fondés à le penfer ? Le Roy Auguste avoit laissé au Prince son Fils des partisans très-zelés, & les deux autres Puissances y avoient aussi des intelligences secretes. L'Empereur conservoit toûjours son camp de Siléfie, & s'il le separa depuis, ce ne fut qu'après la proclamation du Roy Staniflas, & après la déclaration de la guerre, ce Prince jugeant d'ailleurs que l'Armée Mofcovite avec celle de Saxe suffiroient pour foutenir la fciffion, & pour faire monter l'Electeur sur le trône.

Qui est-ce qui n'eût crû en effet qu'elle étoit inévitable, malgré la grande pluralité des suffrages qui se déclaroient pour le Roy Staniflas, & il falloit une espece de miracle pour l'eml'empêcher ? Elle eût du moins fervi de prétexte fpécieux aux trois Puiffances conféderées pour colorer la violence, dont ils menaçoient ; Mais Dieu qui tourne les cœurs des Princes & des Peuples felon les decrets de fa providence, ne l'a pas permife, contre l'attente de toute l'Europe & des Polonois mêmes.

Toute la Nobleffe legitimement affemblée dans le lieu deftiné à l'Election, paroiffoit pancher vers le Roy Staniflas, dont elle avoit déja éprouvé la douceur & la fageffe dans le gouvernement : Mais fe voyant inveftie par trois Armées qui menaçoient d'entrer en Pologne, & d'y mettre tout à feu & à fang, elle commence à s'allarmer, & la crainte s'empare d'un grand nombre de Seigneurs. Ils s'inquiétent, ils s'effrayent, & quel eft le courage qui n'eût été ébranlé d'un danger fi prochain ?

Bien plus, les Mofcovites fuivis des Cofaques & des Kalmuques entrent & s'aprochent de Warfovie, & on n'envifage que défordre, que confufion & que violence. Cependant dans le temps qu'on s'y attendoit le moins le Roy Staniflas paroît, comme dans les anciens théatres où les Poëtes introduifoient un Dieu dans une machine pour le dénoüement de leurs tragedies, & tout fe réünit d'abord par une efpece d'antoufiafme en fa faveur.

Sa prefence fait évanoüir toute crainte : on n'entend plus que des acclamations de joye, & on oublie le danger qui faifoit trembler un moment auparavant. La frayeur qui avoit ébranlé les fideles patriotes, paffe dans le cœur des diffidens. Etourdis de ce changement inopiné, ils prennent le parti de fe retirer au-de-là de la Viftule pour y attendre les Ruffes, qui n'en étoient plus éloignés que de quelques lieuës. Traîtres à leur Patrie, ils aiment mieux en violer les loix & la liberté, que de facrifier à des motifs fi legitimes leur ambition & leurs vûës particulieres.

Ils ne comparoiffent plus dans le Champ Electoral, & le laiffent libres à tous les Nobles déclarés en faveur du Roy Staniflas. Ils ne font aucun acte ni proteftation qui puiffe fufpendre l'Election, ou la rendre caduque, & cet aveuglement ne peut être regardé que comme quelque chofe de furnaturel.

La joye univerfelle ne fait pourtant point perdre de vûë au Primat les loix & les conftitutions du Royaume. Il les obferve toutes, fans oublier aucune des formalités prefcrites, &

après

après les avoir remplies, même envers les diffidens qu'il en-voya sommer par des Députez, il proclame enfin Staniflas pour Roy par le suffrage unanime de toute la Nation, & sans la moindre contradiction.

Si je déguise, ou si je change les faits, je suis prêt à les prouver par tous les actes qui ont été imprimez, & j'en appelle au témoignage de toute l'Europe, pour juger si j'altere la vérité dans le point le plus léger. J'en appelle à vous-même, Monsieur, car votre prévention à part, vous m'avez parû, dans toutes les conversations que nous avons eû ensemble, rempli de probité & de sentimens d'honneur. Je vais plus loin encore, & je crois pouvoir dire, que si Sa Majesté Imperiale avoit été instruite exactement de la verité de tous ces faits, sa religion & sa pieté sont trop connuës, pour ne l'avoir pas détourné du parti qu'elle a pris.

Je ne m'arrêterai pas à combattre les éloges exceffifs que vous donnez à chaque page à la justice & à la moderation de la *Très-Auguste Maison d'Autriche*, que vous affectez avec un air de complaisance d'apeller toujours ainsi. Je vous passerai sans peine cette fastueuse épithete, parce qu'elle ne dégradera certainement pas la Maison de France, qui seule dans l'univers peut se glorifier, sans recourir á des chimeres, de porter sans interruption, par une succession de mâle en mâle depuis plus de huit siécles, la plus ancienne Couronne qui fut jamais.

Je suis bien éloigné de vouloir rien ôter de son lustre à la Maison d'Autriche, qui dans une affez longue suite d'Empereurs en a eû plusieurs de recommandables par leur pieté & par leur courage; mais sans entrer dans des comparaisons toujours odieuses, vous me permettrez seulement de remarquer en passant que Sa Majesté Imperiale, dont je respecte d'ailleurs, comme je dois, la pieté, le caractere & les grandes qualités, fait agir contre un Royaume Catholique des Schismatiques & des Kalmuques.

Je me suis peut-être trop étendu sur ce premier article de votre Lettre; mais comme il sert de base aux trois autres, je n'aurai besoin pour les réfuter, que d'en tirer des conséquences naturelles, & je tâcherai d'être plus court. Pour prouver, par exemple, que l'Empereur doit être cenfé le veritable agreffeur dans la guerre presente, il me suffira de rappeller les principes que je viens de poser, & c'est ce qui ne me sera pas difficile.

On

(15)

On ne devient pas seulement agresseur en déclarant la guerre, ou en commettant des hostilités; on ne l'est pas moins quand on fait à quelqu'un, qui ne se l'est point attiré, une offense qu'il ne peut dissimuler sans se deshonorer. Telle est celle que l'Empereur a faite au Roy depuis la vacance du trône de Pologne.

Ces deux Princes n'étoient point ennemis, du moins exterieurement; à la verité le Roy avoit refusé de souscrire à la Sanction Pragmatique; mais y étoit-il obligé par quelque Traité, ou par des raisons de justice, ou même de bienséance? Non assurément, comme je le prouverai bien-tôt; tout ce que l'amour de la paix pouvoit exiger de lui, étoit de n'user d'aucune voye de fait pour s'y opposer. Le Roy a plus fait encore, car non seulement il n'avoit formé ni proposé à d'autres Princes aucune ligue offensive, mais il n'avoit pas même pris la moindre mesure pour faire la guerre, & j'ose vous défier de prouver le contraire.

Peut-on dire la même chose de l'Empereur, & n'avoit-il pas commencé à montrer sa mauvaise volonté contre la France, lorsqu'il conclut en 1731. un Traité avec la Czarine pour s'opposer par la force à l'élection du Beaupere du Roy? En consequence, dès qu'il apprend la mort du Roy Auguste, il fait approcher des frontieres de Pologne un Corps considerable de ses troupes, sous le faux prétexte de garantir ses Etats des courses des Partis Polonois, tandis que peu de troupes auroient suffi pour leur sûreté.

La Czarine de concert avec S. M. I. fait marcher en même temps une Armée formidable dans la Lithuanie, & en tient encore une autre toute prête pour entrer par un autre côté en Pologne. Le Roy devoit-il regarder avec indifference des préparatifs qui ne pouvoient avoir d'autre but que l'exclusion du Roy Stanislas, & lui étoit-il permis de dissimuler aussi la violence qu'on projettoit de faire à ses anciens alliez les Polonois, qui effrayez avec raison de ces terribles armemens, réclamoient sa protection?

Dans cet état des choses, le Roy pouvoit-il faire moins que de s'adresser à l'Empereur pour lui déclarer en termes très-mesurés, qu'il ne pourroit s'empêcher de regarder l'entrée de ses troupes ou de celles des Moscovites en Pologne, que comme un trouble qui seroit fait à la tranquillité publique? L'Em-

pereur

pereur y répond avec la hauteur ordinaire à la Cour de Vienne: il continue à laisser son Armée en Silesie, & son Ambassadeur agit en tout à Warsovie de concert avec la Czarine.

Bien loin de desaprouver la conduite violente de cette Princesse, il en est l'apologiste. & il adopte tout ce qu'elle entreprend contre la liberté des Polonois. Si ce n'est pas-là être agresseur, je ne sçais ce qu'il faudroit faire de plus pour meriter ce titre, & vous vous contentez de dire qu'il n'a pas fait entrer ses troupes en Pologne, comme si cela suffisoit pour le justifier: mais David étoit-il moins coupable de la mort d'Urie, parce qu'il n'avoit pas trempé ses mains dans son sang, & le Prophete ne lui annonça-t'il pas de la part de Dieu qu'il avoit tué cet Officier innocent par les mains des Philistins?

Si le Roy, après des offenses si marquées, a donc commencé des hostilités, ce n'est pas à lui qu'on doit les imputer, mais à l'Empereur qui l'a forcé à prendre les armes. Son honneur, celui de la France, la justice, la bienséance, les droits les plus sacrés, l'interêt de ses alliés, & j'ose même dire celui de tous les Souverains l'y engageoient, puisque si la France ne se fût point élevée contre des entreprises si injustes, c'en étoit fait de la liberté de l'Europe, & nulle Puissance n'eût été en état de mettre des bornes au pouvoir immense de l'Empereur.

Mais qu'avoit fait l'Empire, ajoutez-vous, au Roy Très-Chrétien, pour l'obliger à lui déclarer la guerre en s'emparant du Fort de Kell qui lui apartient? C'est une objection que vous croyez sans replique, & sur laquelle vous paroissez triompher: mais laissons à part toutes les invectives que vous y joignez. Dès que j'ai prouvé, comme je crois l'avoir fait, que le Roy étoit offensé, & qu'il ne pouvoit se dispenser de vanger l'injure qui lui avoit été faite, je vous demande à vous-même quels moyens il pouvoit prendre pour y parvenir?

Il ne le pouvoit qu'en attaquant ou les Païs-Bas Autrichiens, ou les Païs héréditaires de l'Empereur. Si le Roy avoit autant d'ambition qu'il vous plaît de le supposer, rien ne lui eût été plus facile que de s'emparer d'un grand nombre de Places de la Flandre Impériale, qui étoient comme tout le monde sçait, dépourvûes de troupes & de munitions. Ces

con-

conquêtes lui euffent peu coûté, & vous avoüerez qu'elles
euffent été beaucoup plus à fa bienféance que la prife du Fort
de Kehl.

Mais les Etats Généraux informés du danger preffant dont
la plûpart de ces Places étoient menacées, & étant intereffés
par la proximité de leur barriére à empêcher qu'elles ne tom-
baffent entre les mains de la France, lui firent propofer une
Neutralité pour toutes ces Provinces. Le Roi, très-éloigné
de l'efprit de conquête, confentit fans peine à fufpendre les
projets qu'il auroit pû faire pour s'en emparer, & a figné enfuite l'acte de cette Neutralité.

Il ne lui reftoit donc que l'Allemagne par où il pût pénétrer jufques dans les Pays héréditaires de l'Empereur ; mais il
eût fallu paffer fur les terres d'un grand nombre de Princes de
l'Empire, & il n'avoit que deux voyes pour y parvenir, qui
étoient, ou de leur demander ce qu'on apelle *Tranfitum inno-
xium*, ou de paffer de force, ce qui auroit allumé la guerre
dans toute l'Allemagne. On fçavoit d'ailleurs tous les efforts
qu'employoit l'Empereur pour faire de fa querelle particuliére une querelle générale de l'Empire, & qu'il n'oublioit
rien, pas même les menaces, pour engager le Corps Germa-
nique à fe déclarer contre la France.

Le Roi eût pû s'emparer de quelques Places importantes
fur le Rhin qui étoient fans défenfe, & qui lui euffent ouvert
des paffages faciles pour pénétrer en Allemagne, mais qui
euffent donné trop d'ombrage aux Princes de l'Empire. Il lui
étoit pourtant d'une abfoluë néceffité d'en avoir un, tant
pour la fureté de fes frontiéres, que pour pouvoir marcher au
fecours des Princes qui feroient difpofés à éloigner la guerre
de leur pays, ou qui craindroient de fe voir forcés à époufer
malgré eux la querelle particuliére de l'Empereur.

Dans cette fituation, le Roi choifit le parti le plus modéré
& fe détermine au fiége du Fort de Kehl, qui ferroit de trop
près la ville de Strasbourg, & qui d'ailleurs étoit le moins
capable d'allarmer l'Empire. Il fait déclarer en même temps
qu'il n'eft point dans l'intention de garder cette Place, ni de
s'en fervir pour faire contribuer le pays au-delà du Rhin, &
il promét folemnellement de la rendre à la paix.

La Cour de Vienne a beau publier que nos troupes ont
exigé des contributions exceffives, & qu'elles ont commis des

C

vexations

vexations dans le territoire de l'Empire, telles qu'on eût pû
le faire dans un pays ennemi ; de pareilles accusations tom-
bent d'elles - mêmes par les déclarations signées des Princes
mêmes, sur les terres desquels notre armée campoit. S'il y a
eû du désordre, qui est presque inévitable dans une armée, il
a été puni, ou réparé d'abord qu'il a été connu, & on a même dédommagé les Particuliers qui en avoient souffert.

Comparons, je vous prie, pour un moment ce procédé
avec celui du Général Impérial. Dès que ses troupes sont
arrivées dans le voisinage du Rhin, il commence par s'emparer indifféremment de toutes les Places qu'il croit convenir à
ses desseins. Il exige des contributions de toute espéce, des
pays qui n'apartiennent point à l'Empereur. Il ordonne des
lignes sans consulter les Princes qui y sont intéressés, il pres-
crit l'étendue, la dépense, le payement ; & il agit en tout en
maître absolu. S'il n'a pas ce pouvoir, si contraire certainement aux Constitutions Germaniques, c'est aux Princes de
l'Empire à réfléchir sur l'abus qu'il en fait, & à prévoir les
dangereuses suites que ces excès peuvent entraîner pour leur
liberté.

Tout ce que je viens de vous dire, répond suffisamment au
troisiéme article de votre lettre, dans lequel vous accusez le
Roi de ne s'être servi des affaires de Pologne que comme d'un
prétexte pour faire la guerre à l'Empereur, tandis que son
motif secret n'étoit autre que d'anéantir, s'il lui étoit possi-
ble, la Sanction - Pragmatique. Vous n'en aportez aucune
preuve, & je n'aurois simplement qu'à le nier pour vous fer-
mer la bouche ; mais j'irai plus loin, & un seul mot suffira
pour vous confondre.

Le Traité conclu avec le Roi de Sardaigne est du 26. Sep-
tembre dernier. En faut-il davantage pour démontrer invin-
ciblement que le Roi n'avoit ni médité, ni projetté avant ce
temps-là de faire la guerre à l'Empereur, & qu'il n'a tra-
vaillé à se procurer des Alliés que quand il a été forcé malgré lui de prendre les armes ? Son honneur & l'interêt des
Polonois est le seul motif qui l'y ait engagé, & nullement
l'intention d'anéantir la Sanction - Pragmatique, comme je
l'ai déja démontré.

Je me dispenserois donc d'entrer dans une matiére qui est
au-dessus de mes connoissances, si je ne vous donnois lieu par

mon

mon silence d'en conclure , que tout ce que vous alléguez , en
faveur de l'utilité & de la nécessité même de cette Sanction ,
ne peut être solidement réfuté. Vous entassez des citations sans
nombre qui marquent votre profonde érudition , mais qui
ne prouvent rien , & je me garderai bien de vous suivre dans
la discution de tous les longs passages d'Auteurs Allemands
que vous alléguez. Je me contenterai de faire quelques réfléxions que le bon sens seul dicte , & dont j'ai tiré même la
plus grande partie des entretiens que j'ai eû , soit avec d'habiles
gens de ma nation , soit avec des Ministres étrangers plus
versés que moi dans la Politique , qui en raisonnoient sans
passion.

Ils posent d'abord pour principe que l'ordre de succession ,
tel que l'Empereur veut l'établir , est inoui dans tous les siécles,
qu'il est contraire au droit naturel , & qu'il ne faut pas être bien
pénétrant pour appercevoir que , s'il étoit une fois affermi par
le concours de toutes les Puissances , il rendroit nécessaire-
ment l'Empire héréditaire dans la Maison d'Autriche , & que
tôt ou tard , par une suite presque certaine il assureroit à ses
descendans une superiorité qui la conduiroit à la monarchie
universelle , dont Charles-Quint avoit jetté les fondemens , &
où Ferdinand II. seroit peut-être parvenu , si Gustave Adolphe
uni avec la France , & avec quelques Princes d'Allemagne n'a-
voit fait échouer ses ambitieux projets.

En effet quelle facilité pour y réüssir ne donneroit pas à l'Empereur un traité qui lui garantiroit à perpetuité la possession
indivisible de tous les Etats dont il joüit non seulement aujour-
d'hui , mais ceux encore dont il pourra joüir à l'avenir , &
cela de fille en fille , avec ceux par conséquent que les Princes
qui les épouseront auront en propre , le tout sans aucune li-
mitation , & sans le moindre égard aux droits que d'autres
pourroient avoir à quelque portion des Domaines de la Maison d'Autriche au défaut des mâles.

C'est alors qu'on pourroit dire plus que jamais *Tu felix Au-
stria nube* ; qu'au lieu de demander à Dieu des héritiers mâles ,
l'Empereur ne devroit souhaiter que des filles , puisqu'en ajoû-
tant aux Pays héréditaires ceux des Princes qu'elles épouse-
roient , elles transmettroient ainsi successivement , sans faire
la Guerre , la plus grande partie de l'Allemagne à leurs descendans.

C 2

Si

Si vous y joignez encore les fiefs que les Empereurs pourront dans la suite unir à leur Domaine, soit par des accommodemens avec les possesseurs, soit en faisant revivre d'anciens droits bons ou mauvais, soit enfin par des pactes de familles qui portent la réversion de quelques Etats à la Maison d'Autriche, vous serez forcé d'avoüer vous-même qu'on n'a jamais formé des projets si dangereux & si funestes à la liberté de l'Europe.

Et comme si on ne songeoit qu'à augmenter & à perpetuer la domination absoluë de la Maison d'Autriche, dans le tems qu'on lui garantit à jamais l'indivisibilité de tous les Etats qu'elle possede ou peut posseder, on abandonne toutes les autres Puissances à l'instabilité inseparable des choses humaines, sans prévoir que si dans la suite des siécles elles venoient à s'affoiblir, ou à être partagées entre plusieurs possesseurs, elles deviendroient hors d'état de s'oposer au pouvoir sans bornes d'une Maison qui auroit acquis une si prodigieuse superiorité sur toutes les autres.

Qu'on ne dise pas que, si le cas arrivoit, toutes les Puissances de l'Europe se réüniroient alors pour modérer cet excessif pouvoir; car il n'en seroit plus temps, puisque la Maison d'Autriche auroit eu celui d'établir si solidement sa domination, qu'il seroit presque impossible d'y mettre un frein.

L'histoire ne nous aprend que trop combien les ligues générales sont difficiles à former, & le peu de succès qu'elles ont eû presque toûjours contre une Puissance affermie depuis long-temps, & en possession de donner la loi à toutes les autres. Les jalousies réciproques, la différence d'interêts, les disputes pour le commandement, le choix du temps pour se déclarer, le peu de secret inseparable de ces sortes d'associations, les font le plus souvent échoüer, & le Prince dominant & superieur à tous les autres, ne trouve que trop de moyens de les prévenir ou de les dissiper.

L'experience nous aprend d'ailleurs que les Peuples les plus jaloux de leur liberté, s'accoûtument insensiblement à la servitude, & que la dépense, les difficultés de s'unir à d'autres, la crainte d'en être abandonné dans les suites, tous les dangers enfin qu'on court en cherchant à se tirer d'opression, refroidissent d'ordinaire l'envie qu'on auroit de s'en tirer, & qu'on aime encore mieux porter un joug auquel on est déja soûmis,

que

que de s'engager dans une guerre où mille accidens imprévûs peuvent faire craindre de succomber.

On ne parle depuis long-temps que d'établir un Equilibre dans l'Europe, & rien n'est plus juste, ni plus raisonnable; mais prend-on des moyens bien sûrs pour y réüssir, & n'y mêle-t-on pas un peu de partialité ? La France paroît être l'unique objet des précautions qu'on juge nécessaires pour le former, comme si sa puissance étoit la seule contre qui on dût se garantir, & que ses forces fussent assez superieures pour balancer toutes les autres réünies ensemble.

C'est lui faire en un sens beaucoup d'honneur ; mais ce préjugé est-il bien fondé, & le principe qui fait raisonner ainsi est-il solide & exempt de partialité ? Dans tous les Traitez que le Roi a signés, a-t-il stipulé le moindre avantage, ou le plus léger agrandissement pour elle ? Depuis la mort de Louis XIV. je ne vois pas que la France ait acquis un pouce de terre de plus, tandis que l'Empereur y a gagné un Royaume & la Feudalité de tous les Etats promis à l'Infant Don Carlos.

Quel usage n'a pas fait la Cour de Vienne de ces nouveaux avantages, pour s'arroger un pouvoir déspotique dans toute l'Italie, dont il dispose en Maître absolu, tant dans la vacance des Fiefs que pour les impositions ? De quel droit peut-il garder, contre la foi des Traités & contre l'ordre des Successions, une Place qui passe avec raison pour être la clef de ce Pays abondant & fertile, & peut-on regarder cette augmentation de puissance comme indifférente pour l'Equilibre tant vanté ?

Vous êtes trop instruit de l'histoire des siécles passés pour ignorer que la possession de l'Italie a toûjours été considérée comme un acheminement à celle du reste de l'Europe, & vous sçavez que les Romains ne s'en rendirent les maîtres qu'après 500 ans d'une guerre continuelle, au lieu qu'il ne leur fallut ensuite que deux siécles pour conquérir presque tout l'univers. Aussi Charles-Quint, en faisant le partage de ses Etats entre son frere & son fils, se donna-t-il bien de garde de comprendre l'Italie dans celui de Ferdinand, dont il connoissoit les dangereuses suites, & il la donna à Philippe II. comme le présent le plus important qu'il pût lui faire.

Quel progrès n'a pas fait d'un autre côté l'Empereur en Allemagne ? Maître du Conseil Aulique, il y a attiré toutes les

C 3

affaires

affaires de l'Empire, qui n'y font jugées que quand il le veut
& comme il lui plaît. Elles s'y éternifent felon qu'il convient
à fes interêts, & il attend pour les terminer les conjonctures
les plus favorables à fes defleins. Je n'avance rien que tout le
monde ne connoiffe, & dont tous les Princes, qui s'en plai-
gnent tous les jours, ne puiffent rendre témoignage.

Je pourrois citer, fi je voulois, l'affaire d'Ooftfrife qui dure
depuis fi long-temps, & dont l'Empereur malgré toutes fes pro-
meffes fi fouvent réiterées fe réferve le jugement, foit pour tenir
toujours les Etats Généraux dans l'inquiétude du fuccès, foit
pour le leur faire acheter par quelque avantage confidérable
qu'il pourra fe procurer. C'eft dans cette vûe qu'il eft très-rare,
qu'on obtienne en définitive un Jugement des Procès qui font
portés au Confeil Aulique, & qu'on y laiffe prefque toujours
quelque chofe d'ambigu & de captieux pour en profiter en
quelque autre occafion.

Ajoûtez à toutes ces confidérations la ligue qui paroît indiffo-
luble entre l'Empereur, la Czarine & l'Electeur de Saxe, pour
le faire monter par une violence & une injuftice inoüies fur le
Thrône de Pologne, & par une fuite néceffaire affujettir tout
le Nord. Si après cela vous ofez foutenir qu'il n'y a rien à
craindre de l'Empereur pour la liberté publique, & qu'on ne
peut trop l'agrandir pour balancer le pouvoir de la France, &
pour conferver un jufte Equilibre dans l'Europe, je ferai forcé
de vous dire que votre aveugle prévention pour la Maifon
d'Autriche, tient beaucoup de l'idolatrie, puifqu'elle vous
empêche de voir ce qui eft plus clair que le jour.

Une des principales raifons que vous alléguez pour prouver
que la puiffance de l'Empereur ne peut jamais donner d'ombrage, eft que fes Etats font féparés les uns des autres, &
que par cet éloignement il ne peut en retirer tous les avantages qu'on devroit craindre, s'ils étoient plus réünis. Mais
cette féparation, qui ne vient que de ce qu'ils font trop vaftes, empêche-t-elle qu'ils ne foient contigus ? Pour aller de
Belgrade en Italie, y a-t-il quelque chofe entre deux qui en
coupe la communication, & ne marche t-il pas prefque toujours fur fes terres, hors un très-petit coin du Domaine de la
République de Venife qui ne l'a pas arrêté jufqu'ici, & où il
a trouvé même autant de fecours que de fes propres fujets ?

Non, Monfieur, je ne puis croire que toutes les Puiffances

de l'Europe penſent comme vous , & qu'elles n'ouvrent enfin les yeux ſur le prétendu Equilibre qu'elles veulent former, qui à le bien définir eſt un véritable acheminement à la Monarchie univerſelle ſi on ne s'y oppoſe plûtôt que plus tard. Ce n'eſt point une chimére, & on ſe flateroit vainement de croire que c'eſt du moins un danger ſi éloigné, qu'aucun de nous n'en ſentira les inconvéniens. Les grands Empires ne ſe font pas formés autrement, & ne ſont montés à un dégré exceſſif, que parce qu'on n'a pas ſongé aſſez tôt à en arrêter le progrès.

La Maiſon d'Autriche accoûtumée à ne jamais rien céder de ce qu'elle a une fois acquis, eſt très-libérale de ce qui apartient aux autres, & le donne ſelon ce qu'il lui convient, ou elle le garantit à ceux qui s'en ſont emparés, pour en tirer quelque avantage particulier. Avec une politique ſi conſtamment ſuivie, il eſt aiſé de prévoir juſqu'à quel dégré de pouvoir elle eſt capable de monter, ſi on ne prend pas les meſures néceſſaires pour y mettre des bornes.

Nous vivons dans un ſiécle où on ne s'eſt fait malheureuſement aucun ſcrupule de diſpoſer des Couronnes, ni de déranger les ſucceſſions les plus légitimes pour enrichir ceux qui n'yavoient aucun droit. Les convenances les moins juſtes, le faux prétexte du bien général, les craintes les plus mal fondées ont ſervi de prétexte à bouleverſer à ſon gré les poſſeſſions les plus ſacrées & les plus anciennes. Que peut-il réſulter de toutes ces injuſtes entrepriſes, qu'un ſiſtême informe qui ne produit que des plaintes, que des ſujets éternels de diviſion, & qui ne peut ſubſiſter, puiſqu'il a pour fondement la paſſion & l'injuſtice ?

Je n'eſpere pas vous perſuader, ni que mes réfléxions produiſent plus d'effet ſur l'eſprit des Princes intéreſſés à en peſer les ſuites, ſi elles pàrviennent juſqu'à eux ; mais je me flatte pourtant que tous ceux qui les liront ſans prévention ne laiſſeront pas d'en ètre peut-être ébranlés. J'oſe du moins me rendre le témoignage que l'équité & la raiſon ſont les ſeuls motifs qúi me les ont ſuggérées ſans aucune partialité pour le Roi mon Maître & pour ma Patrie.

Je ſuis &c. &c.